LA VIE EN ROSE
AU BOULOT

www.albin-michel.fr

ISBN : 2 226 15139 7

DOMINIQUE GLOCHEUX

LA VIE EN ROSE
AU BOULOT

Albin Michel

DU MÊME AUTEUR

éditions Albin Michel

La Vie en Rose, Mode d'Emploi

La Vie en Rose avec Nos Enfants

Maigrir et Voir la Vie en Rose

éditions Flammarion

Le Bonheur, un jeu d'Enfant

Le Bonheur, c'est les Autres

Petits Chemins du Bonheur

Petits Bonheurs Amoureux

C'est Tendre La Vie

C'est Simple La Vie

C'est Doux La Vie

C'est Beau La Vie

éditions JC Lattès - éditions Glocheux

Sauvez cette Planète ! - Mode d'Emploi

éditions Dunod

La Boss Génération - Succès, Mode d'Emploi

A Anne, petit amour de douze livres, le poids exact du bonheur.

Merci à Muriel & Alain Bosetti, à Frédérique & Nicolas Bastien, à Lucette Savier,
à Guillaume Cartier, à Brigitte & Hubert Bro, à Éric Sebban,
à Laurence, Laurent, Fanny & Zac Taieb,
et à Françoise & Alexandra, pour l'amitié sans défaut.

Thanks to Fionna, Island, Jennifer, Laura, Liam, Lily Rose, Margaux, Nikita, Shauna & Tiuraï,
for all the love and care you give me.

"La vie fleurit par le travail" Arthur Rimbaud
"Tout ce qui n'est pas donné est perdu" (proverbe indien)
"Le bonheur va vers ceux qui savent rire" (proverbe japonais)
"Je me contenterai du meilleur" Oscar Wilde
"Je me contenterai du bonheur"
"Je vous aime..."

1. Soyez simple.

2. Donnez la priorité à vos priorités.

3. Apprenez à faire les pieds au mur.

4. Mettez à jour votre curriculum vitæ.

5. Finissez ce que vous avez commencé.

6✓ Planifiez vos week-ends dès le dimanche soir.

7✓ Prenez un risque par jour. Même tout petit au début.

8✓ Apprenez à parler aux gens : écoutez-les.

9✓ Demandez de l'aide et aidez les autres à vous aider.

10✓ Beaucoup perdent leur vie à vouloir la gagner. Vivez.

11✓ Concentrez-vous sur tout ce qui va bien. Pas le contraire.

12✓ Remettez les choses à leur place dès que possible.

13✓ Ne ratez pas une occasion de prendre la parole en public.

14✓ Noyez stress et soucis dans les bulles d'un Jacuzzi.

15✓ Dites plus souvent : "On efface tout et on recommence."

16✓ Trouvez 3 idées pour accomplir en équipe
ce que vous faisiez jusqu'ici en solo.

17✓ Apprenez à faire sortir une friandise surprise
derrière l'oreille d'un enfant.

18✓ Si vous voulez qu'un travail soit vite et bien fait,
demandez-le à quelqu'un déjà très occupé.

19✓ Vous n'irez jamais au-delà de vos attentes et de vos croyances.
Alors visez haut, voyez loin, grand, large. Crevez le plafond
que vous vous étiez imposé. Dépassez vos limites...

19 bis✓ ... et visez plus haut. Encore plus haut. Encore plus haut.

20. Fréquentez des gens heureux, optimistes et chanceux. C'est contagieux.

21. Économisez les énergies non renouvelables.

22. Ralentissez votre rythme.

23. Choisissez le premier rendez-vous du matin : vous attendrez moins.

24. Apprenez aux enfants à faire un vœu quand ils voient l'étoile Polaire.

25✓ Découvrez le secret du mot “organisation” :
adoptez des règles, des méthodes, des rituels.
Vous serez étonné par leur fécondité,
et par le stress et le temps que vous économiserez.

26✓ Apprenez à faire le bouche-à-bouche et ce que signifie P.L.S.

27✓ Dites-vous plus souvent : “Personne n’est parfait.”

28✓ Sauvegardez régulièrement vos fichiers informatiques.

29✓ Entourez-vous d’arômes, de sons et de couleurs agréables.

30✓ Ayez un stock d'étiquettes, de cartes de visite et
de lettres à en-tête à vos nom et adresse.

31✓ Mettez-vous sur votre 31. Soignez votre apparence.
Vous sentir bien à l'extérieur,
vous aide à vous sentir mieux à l'intérieur.
Tout paraît alors plus simple et plus facile.

32✓ Fêtez le 1er avril. L'absence de poisson d'avril est souvent
signe de présence d'imbéciles.

33✓ "Le bonheur n'a jamais été le lot de ceux qui s'acharnent"
(Jean Giraudoux). Méditez.

34✓ Imaginez que vous soyez d'un coup extrêmement téméraire, audacieux, fonceur, et qu'absolument TOUT vous réussisse...

35✓ ... notez tout ce que vous percevez au cours de cette escapade insensée. Utilisez vos 5 sens : que voyez-vous, entendez-vous, sentez-vous, etc. Notez précieusement : vous trouverez vite le moyen d'utiliser toutes vos découvertes dans la réalité...

36✓ ... trouvez 3 idées, même très risquées, qui vous trottent dans la tête depuis des années et que vous n'avez jamais osé réaliser. Étudiez en détail comment vous les lanceriez désormais avec le maximum de chances de succès.

37✓ Trouvez 3 idées pour accomplir une performance exceptionnelle.

38✓ Réalisez des tours de magie. Pas des tours de force. Travaillez moins. Mais mieux.

39. Trouvez un partenaire : faire de l'exercice à deux est plus facile, entraînant, rigolo et motivant.

40. Groupez vos activités de même nature : démarches, courses, rendez-vous à l'extérieur, recherches, etc. C'est tellement plus rapide et agréable.

41. Choisissez bien votre camp. Celui des futurs gagnants. Ou changez de camp.

42. Parfois, la meilleure chose à faire est de se jeter à l'eau. Dans ces cas-là, sautez vite, plongez : l'eau sera meilleure que vous ne pensez.

43✓ Rappelez-vous qu'il y a une vie après le travail.
Surtout quand vous pensez le contraire.
Ou changez de vie.

44✓ Laissez-vous guider par vos buts. Porter par votre cœur.
Emporter par votre enthousiasme.

45✓ Simplifiez-vous la vie. Ce n'est pas parce qu'un téléphone sonne
ou qu'un fax, courriel ou courrier vient d'arriver
que vous devez tout arrêter pour lui donner la priorité.

46✓ Entrez dans une librairie. Respirez l'odeur des livres. Furetez.
Feuilletez. Hésitez. Musardez. Laissez-vous conquérir.
Puis ressortez avec ceux qui partageront votre oreiller.

47✓ Mettez un point d'honneur à apprendre quelque chose de nouveau chaque jour.

48✓ Ce n'est pas parce que c'est facile à faire pour vous que vous devez le faire.

49✓ Ne laissez personne fixer vos buts et priorités personnels.

50✓ Libérez votre potentiel, vos capacités réelles. Lâchez-vous.

51✓ Trouvez 3 raisons de rentrer chez vous ce soir ventre à terre. Action.

52✓ Notez vos rendez-vous au crayon à papier.
En cas de changement, vous n'aurez qu'à gommer.

53✓ Identifiez et complimentez chaque progrès.
Pas à pas, ils rapprochent du succès.

54✓ … Faites-les connaître à tous : rien de tel pour déclencher d'autres progrès, une véritable réaction en chaîne parmi tous ceux qui vous entourent.

55✓ Ne ratez pas une occasion d'aller étendre du linge à sécher sur un fil à l'extérieur en plein été.

56✓ Regardez les têtes autour de vous.
Choisissez bien votre travail, car tôt ou tard, vous finirez par leur ressembler.

57✓ Prenez la bonne habitude de ne pas juger ni critiquer une idée tant qu'elle est en gestation.
Pendant la création, rien n'est mauvais ni bon.

58✓ Pensez au thé plutôt qu'au café :
votre vision du monde peut en être modifiée.

59✓ Dites-vous plus souvent :
"J'ai fait de mon mieux et cela me suffit entièrement."

60✓ Si vous receviez, toute votre vie, 60 % de vos revenus actuels, à la condition expresse de cesser votre travail, que choisiriez-vous ?
Si vous hésitez plus de 60 secondes, réjouissez-vous...

61✓ ... Notez précieusement les 3 principaux avantages de votre travail actuel que vous regretteriez.
Savourez-les, tant que vous en profitez encore.

62✓ Retenez le prénom des enfants de vos collègues.

63✓ Ceux qui vous entourent sont un miroir : donnez, vous recevrez.
Alors donnez plus. Beaucoup plus.

64. Ayez confiance en vous : faites confiance aux autres.

65. ... Faites confiance aux autres : déléguez plus.

66. Libérez votre esprit des détails.
N'essayez pas de vous rappeler la date, l'heure ou l'objet de tel rendez-vous ou coup de fil à passer : marquez-le sur votre agenda et n'y pensez plus.
C'est juste une habitude à prendre.

67. Si vous n'aviez aucune peur de perdre votre job actuel, que feriez-vous ? Trouvez 3 idées.
Mettez-les vite en chantier.

68✓ Arrivez 8 minutes en avance à vos rendez-vous.
Vous aurez bien plus souvent d'agréables surprises
que si vous étiez seulement ponctuel.

69✓ Peaufinez la présentation de votre projet principal.
Qu'elle soit claire, brève, précise et motivante.
Un projet bien présenté est à moitié terminé.

70✓ Ayez toujours à portée de main 5 curriculum vitæ
prêts à envoyer dans l'instant.

71✓ Trouvez 3 idées faciles pour favoriser l'esprit d'équipe.
Créer un "esprit de famille".

72✓ Vivez chaque jour comme si votre vie devait être courte.

73. Donnez souvent leur chance aux débutants.

74. À chaque discussion, veillez à ce que tous sortent gagnants et grandis. Magique : désormais vous discuterez sans plus jamais vous disputer.

75. Ne sous-estimez pas l'importance de l'enthousiasme et de la constance.

76. Prenez le temps de regarder la pluie tomber, le soleil briller, les enfants jouer. Évadez-vous. Les meilleures idées surgissent souvent quand on a l'esprit libéré.

77✓ Apportez des fleurs sur votre lieu de travail.
Vous trouverez une raison plus tard.

78✓ Couchez sur papier ce que vous avez dans la tête :
vous penserez plus vite, plus fort, plus loin.

79✓ Quelle que soit la distance déjà parcourue,
n'hésitez jamais à changer de direction.
Le plus tôt possible.
Vous gagnerez souvent une énergie et un temps précieux.

80✓ À chaque fin de journée,
trouvez les 3 moments que vous avez préférés.

81✓ Ne ratez pas une occasion de faire le bien de ceux qui vous entourent, incognito, comme Amélie Poulain.

82✓ Encouragez le recyclage : achetez des produits recyclés.

83✓ Trouvez 3 raisons de vous réjouir de votre métier actuel.

84✓ ... Notez. Et commencez une liste sans fin.
À savourer et à relire sans modération.

85✓ Osez ouvrir la porte.
Vous n'imaginez pas ce qui vous attend derrière.

86✓ Apprenez à être tout spécialement calme, aimable, poli
et élégant avec ceux qui ne le sont pas.
Ce cocktail magique désarme, débloque, dégrippe, détend.

87✓ Réparez vite ce qui est cassé.

88✓ Ne ratez pas une occasion de discuter cœur à cœur
avec un enfant de 7 ans. Vous réapprendrez tant sur
tout ce qui est vraiment important.

89✓ Le succès arrive quand vous avez ce que vous vouliez,
mais le bonheur et la sérénité,
quand vous voulez ce que vous avez. Soyez heureux.

90✓ Pendant 1 mois complet, faites exprès
de vous placer toujours devant. En première ligne.

91✓ Précipitez une prise de décision en proposant une
décision.

92✓ Évitez de vous emporter : à perdre son sang-froid,
on perd beaucoup du respect des autres.

93✓ Allez découvrir les merveilles de la rosée par un beau matin :
à la pointe d'un brin d'herbe, sur la toile d'une araignée,
sur la feuille d'un arbre sous un rayon de soleil.
Cette paix et cette beauté, simples et enivrantes,
vous attendent chaque matin.

94. Débrouillez-vous pour marcher à vive allure
au moins 8 minutes avant chaque déjeuner.

95. Cessez de tourner autour du pot.
Demandez directement ce que vous voulez.

96. Méfiez-vous de votre envie de vous sentir occupé :
elle est avide, vorace, toujours prête à se remplir.
Et à vous remplir.
De tout ce qui passe à sa portée. Résistez.

97. Faites preuve d'audace.
La plupart des sentiers battus ne mènent nulle part.

98. Trouvez 3 idées pour mettre en valeur chacun de vos collègues.

99. Commencez tôt le matin.
Idéal pour avoir envie d'avoir envie. Pour vous donner à fond. Et rester stimulé même sur de longs projets.

100. Éclaircissez les malentendus. Vite.
Les zones d'ombre entre individus attirent frustrations, malaises, mal-être et arrière-pensées. Gangrène assurée.

101. La plupart des choses que nous craignons ne se produisent jamais : la pire crainte à avoir est la crainte elle-même. Vivez le cœur léger.

102✓ Efforcez-vous 24 heures de vous oublier :
intéressez-vous aux autres, à ce qui vous entoure.
Pour mieux vous retrouver. Plus riche, renouvelé.

103✓ Listez ce qui ne va pas dans votre vie. Faites le tri.
Puis sortez la grosse artillerie.

104✓ Laissez-vous guider par ce que vous aimez le plus,
au plus profond de vous-même.
Cela vous mènera droit là où vous rêviez d'arriver.

105✓ Dans les 30 minutes qui viennent, demandez de l'aide
ou une faveur à 3 collègues.

106. Accueillez obstacles, soucis et problèmes, avec confiance, assurance, sérénité.

107✓ Exigez que le but et la durée d'une réunion soient précisés avant de commencer. Vous gagnerez un temps précieux. Surtout avec celles qui n'auront jamais lieu.

108✓ Évitez de ramener du travail à la maison : votre famille est plus importante.

109✓ Trouvez les 3 souvenirs les plus émouvants que vous ayez vécus dans votre vie professionnelle.

110✓ ... Fixez dans votre mémoire ces 3 images de bonheur, de force et de réussite mêlés.

111. Soignez les détails : ils frappent souvent l'imagination. Et parfois assez fort pour éclipser tout le reste.

112. Excusez-vous vite et formellement. Vous éviterez souvent complications, explications et autres justifications.

113. N'attendez pas un peu de calme ou un meilleur moment. Planifiez et réservez du temps pour tout ce qui vous semble important.

114. Les mots sont comme des graines. Semez de la beauté, de l'amour, de la force et de la joie.

115. Soignez votre réputation. Bonne ou mauvaise, elle se colle facilement mais se décolle très difficilement... même si elle ne colle plus à la réalité depuis longtemps.

116. Expliquez à votre enfant ce que vous faites au travail toute la journée.

117. Ne confondez pas pouvoir et autorité. La différence entre les deux s'appelle “respect”.

118. Ayez 100 fois moins d'idées, d'intentions, de projets. Mais agissez plus souvent. Concrétisez. Vos actes sont 1 000 fois plus efficaces que tout ce que vous pourriez inventer.

119. Si vous deviez gagner à vie 2 000 euros par mois grâce au TAC O TAC®, que changeriez-vous à votre vie ? Trouvez 3 idées. Donnez-vous 3 mois pour les réaliser.

120. N'interrompez jamais quand on vous fait un compliment.

121. Décidez, puis tournez la page. Sans états d'âme.
Évitez comme une plaie de revenir en arrière,
de repenser aux autres options.
Passez à la suite et consacrez-lui toute votre attention.

122. Beaucoup perdent leur bonheur à lui courir après sans arrêt.
Respirez : laissez-lui le temps de vous rattraper.

123✓ Si vous quittez régulièrement votre travail à une heure tardive, trouvez 3 raisons pour lesquelles vous retardez le moment de rentrer chez vous.

124✓ ... Trouvez le moyen de réduire définitivement chacun de ces problèmes.

125✓ Ne manipulez pas.
Tôt ou tard, vous vous en mordriez les doigts.

126✓ Lisez un roman du XVIIIe siècle :
redécouvrez les sensations, la langue et les valeurs dont les médias vous ont dépossédé.

127✓ Trouvez 3 idées pour faire autant de travail
en 30 % moins de temps.

128✓ N'achetez pas la toute nouvelle version
si votre logiciel actuel vous donne entière satisfaction.

129✓ Écrivez directement au "propre" : c'est juste
une habitude à prendre.

130✓ Rappelez-vous la dernière fois où, de retour de vacances,
vous avez sorti la dernière valise de la voiture et entendu
une petite voix vous susurrer :
"À quoi bon reprendre le collier ?..."
Préparez votre réponse. Vite.

131✓ Faites-vous prendre en photo avec tous vos collègues. Tirez un poster géant de celle où, tous ensemble, vous criez victoire.

132✓ Ne mentez jamais.

133✓ Après un déplacement professionnel, ramenez un cadeau surprise à votre amour.

134✓ Le sens de l'humour est comme un muscle : plus on l'utilise, plus il devient fort.
Musclez le vôtre.
L'humour sera toujours votre premier secours.

135✓ Débranchez. Comme si vous vous retiriez d'une prise électrique géante et invisible, envoyez chaque soir un signal net de coupure : même pour la plus petite envie de bosser, c'est trop tard, c'est fini.

136✓ Demain, avant d'aller travailler, prenez votre petit déjeuner dans un endroit inhabituel.

137✓ N'abandonnez pas, ne lâchez pas.
C'est la seule façon d'aller jusqu'au bout.

138✓ Offrez-vous un baptême de plongée sous-marine.
Si possible, près d'une barrière de corail.

139✓ Levez-vous pour prendre la parole. Quelle que soit l'assemblée, vous serez écouté.

140✓ Mettez votre patron en valeur, aidez-le à briller en public. Et s'il s'agit de vous-même, brillez par votre discrétion.

141✓ Ne vous épuisez pas à acquérir des qualités ou compétences exceptionnelles : utilisez d'abord au maximum vos atouts actuels et dispositions naturelles.

142✓ Débrouillez-vous pour que vos premiers mots, quand vous arrivez sur votre lieu de travail pour commencer la journée, soient toujours positifs.

143. Simplifiez-vous la vie. Ce n'est pas parce qu'on vous a donné une documentation, une carte de visite ou un échantillon que vous devez les garder. Allégez-vous.

144. Les 4 règles d'OR : donnez des priorités à vos problèmes, traitez-les un par un, déléguez au maximum, concentrez-vous.

145. "Concentrez-vous" signifie : oubliez tout le reste, impliquez-vous corps et âme dans UNE seule chose à la fois, sans être interrompu.

146. Tirez la langue mentalement à 3 personnes.

147✓ "Je le ferai demain" mène toujours à "J'aurais dû le faire hier". Faites-le maintenant. Ou ne le faites jamais.

148✓ Prenez garde : la confiance est essentielle, mais elle descend par l'ascenseur et remonte par l'escalier.

149✓ Passez vos publications professionnelles au laser et non au scanner : écrémez la table des matières, foncez sur les articles qui vous intéressent, zappez le reste.

150✓ Pour trouver les plus beaux coquillages, il faut marcher lentement. Ralentissez.

151 Si une porte se ferme, trouvez la fenêtre qui vient de s'ouvrir. Un ascenseur vous y attend juste à côté.

152✓ Donnez-vous des objectifs progressifs et des priorités claires : c'est l'unique façon d'entretenir votre motivation et de la stimuler sur une longue distance.

153✓ Remerciez plus souvent. Quelques secondes de délicatesse, d'attention et de reconnaissance font parfois toute la différence.

154✓ Prenez un rendez-vous juste après une réunion : vous optimiserez votre temps.

155✓ Le travail des uns fait le bonheur des autres. Trouvez le vôtre.

156✓ Trouvez 3 idées pour partir plus tôt.

157✓ Créez des listes types pour les enchaînements qui reviennent périodiquement, et dupliquez-les en 20 exemplaires : votre travail sera tracé en pointillés et à moitié terminé.

158✓ … Créez sans cesse de nouvelles listes : pour ressentir la satisfaction parfois jubilatoire de rayer ce qui a été exécuté, d'avoir sous vos yeux la preuve de votre progression et de vos efforts accumulés, d'avoir respecté vos priorités et gagné un temps fou sans effort particulier.

159✓ Ne ratez pas une occasion de dévaler un toboggan.

160✓ Ayez un seul agenda regroupant vos rendez-vous professionnels et privés.

161✓ Trouvez une première devise pour vos collègues et vous. Pour rassembler le groupe sous la même bannière. Que chaque membre puisse s'y reconnaître et en être fier. Vous l'améliorerez progressivement.

162✓ ... Cherchez tous ensemble, même si c'est plus long et compliqué. C'est un acte fondateur, c'est trop important.

163✓ Visualisez-vous détendu, souriant, superbe, reposé, comblé, rayonnant. Soupirez de plaisir.

164✓ Trouvez 3 tâches à reporter, à annuler ou à éviter à jamais.

165✓ Ouvrez un "carnet magique" : à la première page, inscrivez le nom de la personne que vous souhaiteriez rencontrer pour accélérer votre projet le plus cher. Ce carnet est magique car une fois les gens inscrits, ils viendront à vous, vous les rencontrerez. "Au suivant !"

166✓ Travaillez le plus près possible du centre de décision.

167✓ "Pourquoi se jeter à l'eau avant que la barque n'ait chaviré ?" (proverbe cantonais). Méditez. Et continuez de ramer. Vous êtes plus près de votre destination que vous ne croyez.

168✓ Demandez à vos collègues de dresser une liste de questions plutôt que de vous interrompre plusieurs fois. C'est juste une habitude à prendre. Et rendez-leur vite la pareille.

169✓ Les gens fatigués prennent de mauvaises décisions. Reposez-vous.

170✓ Désamorcez les conflits avant qu'ils ne s'enlisent : les guerres de tranchées consomment souvent une énergie inouïe pour un résultat pitoyable.

171✓ Faites souvent des choses dans lesquelles vous excellez : vous avez besoin de vous savoir compétent.

172. Parlez lentement et doucement.
Vous vous ferez entendre plus vite et plus fort.

173. Sachez exactement pourquoi vous travaillez si dur : à quoi bon gagner plus d'argent, si c'est pour ne savoir qu'en faire ? À quoi bon de belles vacances, une belle voiture, une belle maison, si vous n'avez guère le temps, l'humeur ou la santé pour en profiter ?

174. N'hésitez pas à prendre des risques calculés.
Le coût d'un projet compte moins que ce qu'il rapporte.

175. Choisissez d'être gai et optimiste.

176✓ Restez fidèle à vos convictions et à vos principes.

177✓ Écoutez les conseils frappés au coin du bon sens.
Attentivement. Ce sont souvent les meilleurs.
Et pourtant ils sont gratuits.

178✓ ... Laissez-les mûrir pour mieux en profiter :
il faut parfois toute une vie pour les comprendre.
Et enfin les appliquer.
Autant en profiter le plus tôt possible.

179✓ Trouvez 3 personnes à féliciter dans les 30 minutes
qui suivent.

180✓ "Celui qui sait se contenter sera toujours content" (Lao-Tseu). Méditez.

181✓ Prenez la bonne habitude de centraliser les notes que vous prenez, directement au propre, toujours sur le même cahier.

182✓ Faites toujours le premier pas.

183✓ Allongez-vous sous un ciel d'été, bras et jambes bien écartés. Et les yeux fermés, sentez votre corps s'enfoncer dans la terre en milliers de racines venues de chacun de vos centimètres carrés.

184✓ Apprenez une langue étrangère.

185✓ Affichez vos possibilités de covoiturage sur votre lieu de travail et favorisez le développement de ce mode de transport : c'est l'auto-stop sur mesure et l'un des meilleurs choix pour l'environnement.

186✓ La plupart des grandes réussites prennent source dans un grand échec transformé en succès. Profitez de vos échecs : regardez-les en face, analysez-les, tirez-en des leçons. L'échec est souvent une répétition avant le succès.

187✓ Faites partie de ceux qui voient mieux paupières closes.

188. Augmentez vos tarifs ou prétentions.

189✓ Quand vous vous parlez à vous-même, encouragez-vous.

190✓ Listez tout ce que vous aimeriez faire si vous aviez une heure de plus chaque jour et un jour de plus chaque semaine.

191✓ ... Trouvez 3 idées pour les accomplir dans les 3 mois qui viennent. C'est trop important pour vous.

192✓ Évitez de dire "Tout va bien" quand ce n'est pas le cas.

193✓ Apprenez à marcher sur les mains.

194. Demandez aux autres comment ils se simplifient la vie au travail. Notez précieusement.

195. Tenez-vous à l'écart des personnes qui sapent vos efforts ou piétinent vos espoirs.

196. Trouvez un nouveau travail avant de démissionner : comme par hasard, vous trouverez toujours un nouveau travail beaucoup plus vite et plus facilement si vous en avez déjà un.

197. Efforcez-vous 24 heures d'oublier qui vous êtes. Devenez qui vous pourriez être.

198✓ Votre travail est comme un puzzle : pour le même résultat, vous pouvez choisir de travailler avec 20 grandes pièces ou 5 000 minuscules. Faites simple.

199✓ Lâchez du lest.

200✓ Arrêtez la compétition. Essayez la “coopertition”. Moitié coopération et moitié compétition. Main dans la main. Tous ensemble. Beaucoup plus forts.

201✓ L’urgent est souvent sonore et clinquant ; l’important, muet et discret. Le plus pressant n’est pas le plus pressé. Occupez-vous d’abord du plus patient.

202✓ Le stress est contagieux : entourez-vous de gens calmes, détendus et reposés.

203✓ Prenez l'habitude d'évoquer les fautes et erreurs commises par votre groupe sans en rejeter la responsabilité sur qui que soit : idéal pour susciter en réaction un véritable esprit de corps. Un véritable esprit d'équipe.

204✓ Ne ratez pas une occasion de faire un vœu en soufflant sur un pissenlit en graine.

205✓ Plutôt que travaillez plus, trouvez des moyens de dépenser moins.

206. Assumez vos décisions avec assurance. Beaucoup d'assurance. C'est souvent la clé des premiers succès.

207. Ayez près de vous un collage de photos familiales.

208. Rappelez-vous toujours votre véritable objectif : faire les choses vite et bien. Et non avoir raison. Encore moins expliquer pourquoi vous avez raison. Ou pire : démontrer pourquoi vous avez raison d'avoir raison.

209. Jetez votre loupe, prenez des jumelles. Les problèmes reviendront à leurs justes proportions. Magique.

210. Ralentissez. La vitesse appelle la vitesse. Accélérer complique tout. Et devient vite sa propre raison d'être. Tant pis pour les toupies qui vous entourent : mettez la pédale douce.

211. Tenez-vous à l'écart de ceux qui veulent vous imposer des risques que vous ne voulez pas prendre.

212. Apprenez à surmonter déceptions, retards et turbulences avec humour, patience et persévérance. Ils vous paraîtront bientôt de plus en plus inoffensifs et négligeables.

213. Un coup de chance peut naître du hasard, mais jamais une suite de petites victoires. Créez votre propre chance.

214✓ Préparez-vous à faire bonne impression. D'entrée. La première impression que vous donnerez, c'est souvent la seule que vous laisserez.

215✓ Agissez avec mesure, souplesse et fluidité. Avec grâce. Ne confondez pas action et agitation.

216✓ Révisez vos priorités : faites d'abord ce qui vous plaît vraiment, ce pour quoi vous êtes prêt à vous donner à 120 %. Ce qui vous amuse et vous passionne. Le reste finira par trouver sa place.

217✓ Quand vous parlez de vous, donnez un portrait positif et constructif.

218✓ Chaque fois que vous le pouvez, remplacez un courrier, un fax ou un courriel par un appel téléphonique. Quand vous hésitez, téléphonez puis n'envoyez qu'un résumé écrit : vous serez étonné par le temps gagné.

219✓ Si vous êtes débordé, arrêtez tout, et revoyez l'ordre de vos priorités.

220✓ Faites attention, la confiance est comme la porcelaine : elle se brise facilement et se répare mal.

221✓ Agissez. Bougez. L'action dissipe les ennuis, la fatigue, les échecs, la peur, les cauchemars et idées noires.

222✓ Expliquez ce que vous allez faire, faites-le, expliquez ce que vous avez fait, puis résumez ce que vous venez de dire. Au besoin, redites-le. Au travail, c'est souvent le B.A.-BA d'une communication réussie.

223✓ Commencez une collection que personne d'autre ne possède.

224✓ Dans une réunion, parlez aux "je". Pas aux "vous".

225✓ Libérez-vous de vos doutes et peurs personnels : s'attendre au meilleur, c'est lui donner toutes les chances de se réaliser. Et donner toutes les chances à vos capacités, à ceux qui vous aiment, et au hasard, de venir vous aider.

226✓ Rapprochez-vous de personnes meilleures que vous. Ou changez de groupe.

227✓ Ne vous laissez pas piéger : vous avez le temps que VOUS vous donnez.

228✓ Commencez une liste sans fin de tous les objectifs que vos collègues et vous souhaitez atteindre : quand vous êtes à 10, visez 25. À 25, visez 50. À 50, 100, 150, etc. Laissez une grande marge pour cocher. Pour marquer les buts.

229✓ "C'était impossible. Ils ne le savaient pas. Ils l'ont fait" (Cocteau). Méditez. Et vous aussi, refusez de savoir.

230. Apprenez à dire NON plus souvent.

231✓ Faites une pause de 8 minutes.

232✓ Avant d'emporter du travail à la maison ou en week-end, demandez-vous chaque fois ce que cela apportera à votre vie.

233✓ ... Si vous êtes encore tenté, transportez-vous une année dans le futur, et reposez-vous la question : ce supplément de travail valait-il la peine et a-t-il changé quoi que ce soit dans ma vie ? Et partez totalement libéré.

234✓ Chaque fois que vous le pouvez, montez en barque, en autocar, en traîneau, sur des raquettes, à cheval ou à vélo : tout paraît tellement plus calme, humain et reposant.

235✓ Travaillez en souriant intérieurement. Surtout si ce n'est pas le moment. Au début, vous devrez vous forcer, mais des endomorphines naturelles viendront vite vous aider.

236✓ Déjeunez tôt. Revenez tôt. Pas l'inverse.

237✓ Ne confondez pas intensif et extensif : de longues heures de travail signent souvent un manque d'efficacité ou d'organisation. Au lieu de vous féliciter, pensez parfois à vous alarmer.

238✓ Faites découvrir votre lieu de travail à un enfant.
Et redécouvrez-le avec ses yeux.

239. Chaque matin, soyez spécialement gai, poli et aimable avec la toute première personne du monde extérieur que vous rencontrez.

240. Si vous êtes coincé, emmenez en-cas et salades "faits maison" et nutritifs. Refusez d'avaler ce dont votre corps n'a nul besoin.

241. Ne blâmez pas un collègue s'il manque de motivation. Blâmez-vous vous-même.

242. Efforcez-vous de quitter chaque jour votre travail avec la certitude que vous avez été utile.

243. Consacrez votre temps à l'essentiel, arrachez-le au reste. Ce qui n'est pas essentiel est inutile.

244. Promenez-vous plus souvent pieds nus.

245. Listez vos 3 priorités du lendemain avant de quitter votre travail.

246. Si vous connaissez le travail de vos rêves, de votre vie, n'attendez pas un jour de plus : même s'il faut du temps, de l'argent et vous remettre aux études, on ne vit qu'une fois. D'autant qu'en chemin, vous pouvez découvrir encore plein de bonnes surprises.

247✓ Couchez sur le papier les soucis qui encombrent votre tête.
Noircir du papier est idéal pour s'éclaircir les idées
et se libérer la tête.

248✓ N'attendez pas pour profiter d'un cadeau ou d'une petite folie.
Ne gardez rien dans l'attente d'une "occasion spéciale" :
elle pourrait tout gâcher en venant trop tard.
Ou pire : jamais.

249✓ ... N'attendez pas l' "occasion spéciale" : créez-la.
Pour qui sait y faire, chaque jour peut devenir
une "occasion spéciale". Apprenez vite.

250✓ Arrêtez-vous et sentez les roses.

251✓ Soyez flexible.

252✓ Donnez-vous des objectifs et des dates limites réalistes. Ne chargez pas trop la mule dès le départ.

253✓ Lisez soigneusement avant de signer : ce qui est écrit en tout petit est souvent hors de prix.

254✓ Débrouillez-vous pour pratiquer des sports d'équipe. Idéal pour développer le goût de l'effort, le sens de l'équipe, et faire confiance à ses capacités personnelles. Mais aussi pour goûter les saveurs enivrantes des victoires collectives.

255✓ Trouvez 3 idées pour faire bien mieux apprécier vos talents.

256. Cherchez la compagnie de la vitalité, du dynamisme et de la simplicité. Ils ont plein d'amis. Qui se ressemble s'assemble. Et qui joint une telle assemblée finira tôt ou tard par y ressembler.

257. Ayez constamment dans votre portefeuille 7 cartes de visite professionnelles.

258. Ne surestimez pas l'importance des diplômes, de l'expérience et de l'intelligence.

259. Volez chaque jour des moments de solitude. Où vous ne serez là que pour vous.

260✓ Trouvez 3 idées pour renforcer une confiance justifiée en vous-même.

261✓ Surveillez ce que vous mangez. Vous avez besoin d'énergie, d'équilibre et de variété. Pensez à la vitamine C, au sélénium, au zinc et au magnésium.

262✓ Ne dites pas : "J'ai visé trop haut." Fractionnez vos objectifs en étapes plus faciles à franchir, et concentrez-vous sur une étape. Une seule à la fois.

263✓ De temps à autre, prenez l'escalator qui monte quand vous voulez descendre.

264✓ Faites de la place. N'attendez pas qu'il s'en libère.

265✓ Progressez par étapes. Suffisamment élevées pour être stimulantes, et raisonnablement étalées dans le temps pour ne pas vous stresser inutilement.

266✓ Profitez de chaque progrès, de chaque victoire, pour cultiver votre foi dans vos capacités personnelles et en votre potentiel.

267✓ Soyez assez fort pour montrer vos faiblesses.

268✓ Remplissez de temps à autre vos poches de Malabar, boules de coco, Nounours et autres bonbons. Retrouvez le goût des "cours de récré".

269✓ La confiance en soi ne s'achète pas, mais elle s'emprunte. Efforcez-vous 24 heures de faire exactement comme si vous aviez une confiance totale en vous. Résultats surprenants. Car entre le réel et le suggéré, votre inconscient ne saura rien distinguer.

270✓ Attendez-vous au meilleur de la part des autres.

271✓ Donnez de l'air à vos plannings : autant pour respirer que pour pouvoir saisir une occasion favorable.

272✓ Éveillez-vous : soyez plus attentif aux aspects merveilleux de votre vie.

273✓ Trouvez 3 lubies que vous aimeriez découvrir ou pratiquer si vous aviez plus de temps et d'argent.
Donnez-vous 3 semaines pour prendre votre premier cours dans l'une de ces activités.

274✓ Ayez uniquement des bagages à roulettes.

275✓ Ne dites jamais : "Personne n'est irremplaçable". Même si l'expression est très courante dans de grandes entreprises. C'est une réaction d'autodéfense. Pas une vérité.

276✓ Passez une journée complète à lézarder dans la garrigue, l'Estérel ou les calanques.

277✓ Évitez de poser des questions où on ne peut répondre que par “oui” ou “non”. Ouvrez-les.
Pour recueillir plus d’idées, avis, réflexions et propositions.

278✓ Ne prenez pas vos enfants en otages : eux préfèrent vous voir libéré qu’avoir de beaux jouets.

279✓ Apprenez à décider rapidement.

280✓ Tant que vous ne serez pas en paix avec qui vous êtes, vous ne serez jamais content de ce que vous avez.
Trouvez-vous et faites la paix.

281✓ Trouvez l'endroit propice, avec plein de portes ou de fenêtres. Et, le dos au sol, les jambes contre un mur, imaginez le monde à l'envers.

282✓ Hors du travail, évitez de parler "travail".

283✓ À l'écrit comme à l'oral, soyez simple, clair, précis et concis. C'est juste une habitude à prendre.

284✓ Réduisez le nombre de vos priorités.

285✓ Beaucoup sont heureux uniquement à vouloir d'abord le faire croire aux autres. Choisissez d'être plutôt que de paraître.

286✓ Rangez, classez, videz : bien rangé, esprit en liberté. Mal rangé, promesse de travail inachevé.

287✓ Calculez précisément ce que vous gagnez en net et débrouillez-vous pour économiser 10 % chaque mois.

288✓ Évitez de lancer une conversation dans un ascenseur : dites simplement “bonjour !” et souriez.

289✓ “Un bon plan exécuté vigoureusement et sur-le-champ est bien meilleur qu’un plan parfait exécuté dans une semaine” (Eisenhower). Méditez.

290✓ Convenez d'un endroit où, chaque soir, vous déposerez symboliquement tous vos soucis avant d'arriver à votre domicile. Avec l'habitude, vous serez bientôt complètement débarrassé.

291✓ Prenez le temps de faire ce que vous aimez. Ne pas le prendre est un luxe au-dessus de vos moyens.

292✓ Ne sautez pas votre petit déjeuner. C'est votre repas le plus important, celui qu'il faut privilégier en priorité.

293✓ Remplissez le sablier de votre vie avec de la poudre d'or. Pas avec de la poudre aux yeux des autres.

294✓ Lâchez prise : le seul pouvoir que le stress peut avoir sur vous est celui que vous lui laissez.

295✓ Voyagez en première classe chaque fois que vous le pouvez.

296✓ Ne tombez pas dans le piège d'Internet : une fois l'information trouvée, ne vous laissez pas emporter par les liens et autres propositions de moteurs de recherche. Donnez-vous un temps limite et convenez qu'au-delà, ce sera du temps gâché.

297✓ Prenez l'habitude de méditer dans votre bain. Paresseusement et aux petits soins.

298✓ Efforcez-vous d'avoir un espace de travail propice à la réflexion, au calme, à la créativité. Comme une invitation à la sérénité.

299✓ En même temps que le numéro de téléphone, notez le nom de la personne.

300✓ Dites-vous plus souvent les mots magiques : "Je peux le faire."

301✓ Remarquez les odeurs et les couleurs qui vous entourent. Devinez celles de la pièce d'à côté. Prenez conscience des merveilles auxquelles vous êtes en permanence aveugle.

302✓ Soyez généreux.

303✓ Démarrez vos réunions même s'il manque des retardataires. Vous n'en serez que plus apprécié.

304✓ Trouvez 3 idées pour réveiller ou dynamiser l'ambiance sur votre lieu de travail.

305✓ Ne dites plus : "Je vais essayer" mais "Je le fais".

306✓ Choisissez bien votre outil. Car si c'est un marteau, vous verrez des clous partout.

307✓ Faites silence en vous pour mieux vous écouter.

308✓ Bien des projets ne voient pas le jour UNIQUEMENT parce qu'on n'a pas fixé de date pour leur démarrage ou leur achèvement. Prenez date.

309✓ En cas de désaccord, tenez-vous-en aux faits.
Écartez vos opinions, sentiments et sensations.
Votre calme et votre détermination s'imposeront.

310✓ Trouvez 3 idées simples pour réduire vos temps de transport ou les mettre plus à profit.

311✓ Lisez des biographies de personnes illustres qui se sont battues avec succès contre l'adversité.

312. Si vous poussiez votre principale prédisposition naturelle jusqu'à ce qu'elle devienne un réel talent et une véritable passion, quel travail choisiriez-vous ?
Mettez vite sur pied ce que vous avez dans la tête.

313. Ne sous-évaluez pas votre temps, votre énergie, votre créativité. Sinon, les autres le feront pour vous. Et à vos dépens.

314. Prenez l'habitude de poser vos clés toujours au même endroit quand vous arrivez.

315. "C'est par le bien-faire que se crée le bien-être" (proverbe cantonais). Devenez un expert en bien-faire.

316✓ Trouvez 3 idées pour avoir besoin de gagner moins d'argent. Par exemple, envisagez de réduire votre train de vie, de vous passer de voiture, de prendre un domicile plus modeste et plus facile à entretenir.

317✓ ... Et demandez-vous si vous ne profiteriez pas plus de la vie. Décidez quel est votre véritable objectif : travailler plus, ou être heureux. Avoir plus, ou être plus.

318✓ Collectionnez les "odeurs souvenirs" : le linge que votre maman faisait sécher, les jacinthes de votre grand-tante, le bois dans la cheminée quand vous aviez 8 ans.

319✓ Quoi que vous fassiez, faites-le avec enthousiasme. C'est souvent la clé du succès.

320✓ Devant un problème profond, n'essayez pas tout de suite de le résoudre. La meilleure solution a souvent besoin de temps pour se décoller du fond.

321✓ Gardez toujours en tête vos 3 priorités du jour, de la semaine et du mois.

322✓ Ne soyez pas surpris quand la chance favorise celui qui s'était bien préparé.

323✓ Prenez le plaisir tel qu'il vient, le bonheur dès qu'il naît. Vite. Le bonheur n'est pas dans l'après.

324✓ Laissez tomber : parfois, ne pas obtenir ce que vous voulez quand vous le voulez est un véritable coup de chance.

325✓ Prenez grand soin du matériel confié par votre entreprise. Comme s'il vous appartenait.

326✓ Chaque pas rend le suivant plus facile. Quel que soit votre projet le plus cher, le plus ambitieux, démarrez. Un pas à la fois.

327✓ En public, ne parlez pas affaires à voix haute. Vous ne savez pas qui peut écouter.

328✓ Sentez-vous pousser des ailes. Envolez-vous.

329✓ Reformulez tous vos objectifs dans une phrase commençant par "Je veux".

330✓ Ne vous attachez pas à des modèles, normes, modes ou croyances qui vous poussent à travailler plus, plus dur et plus longtemps que vous ne le souhaitez réellement.
La plupart du temps, ils sont déjà complètement dépassés, caducs, périmés.

331✓ Prenez le temps de serrer la main pour dire bonjour.

332✓ Oubliez les promesses du lendemain, si belles soient-elles, quand un bonheur d'aujourd'hui, si petit soit-il, vous tend la main.

333. Rappelez-vous que 20 % de l'effort produit en moyenne 80 % de l'effet. Au-delà, c'est de plus en plus vite du gaspillage. Pourtant, vous ne verrez jamais la différence. Arrêtez-vous à 80 % d'effet. Ne visez pas la perfection : ne perdez pas 80 % de votre temps à peaufiner les derniers 20 % d'effet.

334. Téléphonez à votre amour : faites-lui comprendre que même au travail, vous pensez à lui.

335. Ne reportez pas à demain ce que vous rêvez de faire aujourd'hui : demain n'arrive jamais.

336. Efforcez-vous 24 heures de vous sentir exactement comme vous rêveriez de vous sentir.

337✓ Gardez trace de vos objectifs atteints et de vos réalisations. Tant pour les relire avec délice et vous remotiver que pour demander une augmentation justifiée.

338✓ Soyez toujours le premier à décider de danser.

339✓ Plutôt que de réinventer la roue ou de perdre un temps fou, repartez des modèles, des documents standard que vous avez créés. Chaque fois que vous le pouvez. Recyclez.

340✓ Critiquez le comportement. Pas celui qui a commis la faute.

341✓ Entourez-vous de personnes sereines et qui voient la vie du bon côté. Chérissez ceux qui savent en plus vous faire rire.

342. Trouvez 3 idées pour vous impliquer plus personnellement dans votre travail. Plus vous creuserez, plus vous découvrirez d'attraits, d'intérêts et de plaisirs.

343. Évitez les conflits où le but est de montrer que vous avez raison. Choisissez d'être heureux plutôt que d'avoir raison.

344. Pratiquez plus souvent le "classement vertical" : direction la poubelle, sans escale.

345. Ne ratez pas une occasion de faire la planche, de faire porter votre dos par toute cette eau, et d'imaginer que vous allez lentement vous y fondre, tel un glaçon.

346. Accordez vos impératifs au présent. Les autres au futur.

347. Mettez-vous 3 minutes à la place d'un Martien découvrant la planète Terre. Mesurez à quel point votre lieu de travail, votre domicile, sont bizarres.

348. Ne l'achetez pas uniquement parce qu'il est en solde.

349. Débarrassez votre espace de travail
de tout ce qui ne vous est pas essentiel.

350. Le bonheur se lève tôt. Couchez-vous de bonne heure.

351. Les objectifs difficiles à atteindre peuvent vous faire du mal. Fractionnez-les. Ou dynamitez-les.

352. Bénissez les problèmes qui n'ont pas besoin de vous ou pas besoin de solution.

353. Vous n'avez aucun pouvoir sur les embouteillages, ni sur les files d'attente. Mais sur votre façon de réagir, vous avez le pouvoir absolu. Prenez le pouvoir.

354. Glissez quelques gouttes d'huile de lavande dans votre bain. Fermez les yeux. Goûtez la plénitude d'un bain relaxant.

355✓ Avant d'aller faire vos courses, dressez une liste d'aliments sains dont vous avez besoin et tenez-vous-en à cette liste.

356✓ N'expliquez pas à l'autre comment vous feriez à sa place : présentez le problème et les résultats que vous attendez. Vous serez peut-être surpris par la méthode employée.

357✓ Évacuez vos émotions : maîtrisez-les, qu'elles vous servent. Avant qu'elles ne vous maîtrisent et ne se servent de vous.

358✓ Visualisez-vous à 90 ans. Trouvez ce que vous auriez dû faire dès aujourd'hui pour être parfaitement heureux et en parfaite santé. Action.

359. Écrémez vos lectures professionnelles : vous ne pourrez jamais tout lire, tout savoir, tout retenir. Trop d'information tue l'information. Et vos envies de passer à l'action.

360. Prenez au moins un baptême en parapente, canyoning, varappe ou montgolfière.

361. Ne transformez pas votre téléphone portable en fil à la patte ou en boulet. Insup-portable.

362. Réduisez vos compliments à une seule phrase :
une seule est vite retenue, reste parfois gravée pour l'éternité, et marque bien plus qu'un flot d'éloges vite oubliés.

363✓ Encouragez chaque essai, chaque tentative.

364✓ Dans les moments difficiles, feuilletez vos albums de photos et donnez-vous le temps de faire revivre les souvenirs, de prendre du plaisir à réveiller vos racines.

365✓ Quand votre interlocuteur est indécis, aidez-le : faites comme s'il avait choisi. Votre proposition, bien sûr. Si c'est un client, remplissez ensemble le bon de commande. Vous serez étonné du nombre de fois où il signera. Et vous remerciera.

366✓ Préférez travailler dans l'endroit le plus envahi par la lumière naturelle.

367✓ Pardonnez rapidement. Et définitivement.

368✓ N'attendez pas de l'argent et du prestige qu'ils vous rendent heureux.

369✓ Donnez plus de rendez-vous téléphoniques.

370✓ Commencez par le plus important. L'urgent peut toujours attendre.

371✓ Pendant 3 minutes, regardez la vie comme un petit miracle. Recommencez dès que possible.

372. Assurez-vous que votre travail vous sert plus que lui ne se sert de vous.

373. Gardez en tête votre grand objectif final : en cas de doute ou de tentation, vous choisirez plus facilement.

374. Utilisez du papier de couleur différente pour distinguer en un clin d'œil projets prioritaires, originaux, copies, etc.

375. Imaginez votre journée idéale au travail. Décrivez-la selon vos 5 sens : qu'entendez-vous, sentez-vous, voyez-vous, etc. Fixez cette image de bonheur, et réinventez votre travail actuel.

376. Protégez vos dimanches : ils sont sacrés.

377✓ Fractionnez vos objectifs à long terme en sous-objectifs précis, clairs, chiffrés et datés. Apprenez par cœur cette liste et ses enchaînements. Pour vous laisser guider en permanence.

378✓ "Le poisson est le plus mal placé pour juger de l'état de son bocal" (Mao Zedong). Pour avoir vraiment les idées claires, demandez conseil à vos amis. Ou sortez de votre bocal.

379✓ Soignez vos manières, affûtez vos connaissances : le savoir-vivre et ses règles sont un passeport invisible qui, à égales performances, fait souvent toute la différence.

380✓ Avant de courir là où l'herbe semble la plus verte, pensez à bien arroser chez vous.

381✓ Profitez de vos trajets pour réveiller vos neurones en les frottant à des sujets exigeants. Et arrivez en pleine forme.

382✓ Encouragez le tri, la réparation, l'échange, la récupération et le recyclage. Notre planète est si fragile.

383✓ Ne cherchez pas le bonheur en changeant de région, de travail, ou de fréquentations : ce n'est pas parce que tout sera différent que la moindre chose aura changé. “Où que vous alliez, vous y êtes déjà” (proverbe zen).

384✓ Soyez votre meilleur ami.

385✓ Trouvez 3 idées simples pour rendre votre travail plus gai.

386✓ Ne ratez pas une occasion de franchir un “pont de singes” : avant d’être vraiment sur la corde raide, entraînez-vous à faire confiance au matériel et aux techniciens.

387✓ Si vous devez choisir entre la famille et le travail, choisissez la famille. Au final, vous ne le regretterez jamais.

388✓ Persévérez. Bien des gens n’échouent pas vraiment mais cessent seulement de tenter leur chance.

389✓ Faites circuler les bonnes nouvelles.

390✓ Votre première richesse, c’est votre santé. Et elle n’est pas garantie à vie. Prenez bien soin de vous.

391. Veillez à collectionner les petits bonheurs dans votre travail. Sinon, vous risqueriez de n'en trouver nulle part.

392. Accueillez vos erreurs et vos échecs avec bienveillance. Ce sont en réalité des leçons déguisées qui vous attendaient. Pour vous conduire vers le succès.

393. Ne cherchez pas trop les compliments : à trop vouloir être remercié, beaucoup sont remerciés. Définitivement.

394. Encaissez vos chèques le plus vite possible.

395. Vous n'aurez jamais assez de ce dont vous n'avez pas besoin. Choisissez vos buts avec grand soin.

396✓ Laissez plus souvent la vie s'écouler naturellement plutôt que d'essayer de tout contrôler, décider, diriger.

397✓ Choisissez vos batailles avec soin. L'important n'est pas de les gagner toutes. Les plus importantes suffiront.

398✓ Ne critiquez pas votre prédécesseur.

399✓ Fermez les yeux et demandez-vous : "En quoi consistera ma prochaine pensée ?" Et guettez votre prochaine pensée. Exercice idéal pour vous concentrer. Et, sur l'instant présent, mettre vos sens en éveil, votre esprit en veilleuse.

400✓ Profitez de chaque occasion de déjeuner sur l'herbe.

401. Mettez une bouteille de champagne au frais.
Vous trouverez une raison plus tard.

402. Si vous choisissez un travail que vous aimez, ou si vous échangez les tâches que vous n'aimez pas contre d'autres que vous aimez, vous ne "travaillerez" plus jamais de votre vie.

403. Ne laissez pas vos possessions vous posséder.

404. Reprenez-vous vite. Commettre une erreur peut arriver. Mais ne pas vous relever immédiatement en serait une seconde.

405. Osez demander la lune.
Vous obtiendrez toujours plus de "oui" que vous ne l'espériez.

406✓ Envisagez de prendre une année sabbatique. Pour changer d'orientation, de vie, relancer votre carrière, vous frotter à une discipline ou à un projet qui vous tente depuis des années.

407✓ Dépassez-vous : se fixer des limites, c'est les adopter.

408✓ N'attendez pas demain. Ou les vacances. Ou d'avoir plus d'argent. Ou de relations. Ou d'expérience. Ou un événement. Le meilleur moment pour démarrer, c'est aujourd'hui. Tout de suite.

409✓ Faites confiance à votre chance.

410✓ Lorsque vous lui ouvrez la porte, le bonheur est partout. Ouvrez-vous.

Les sept nains de Walt Disney ont beau siffler en travaillant, ils ne seront bientôt plus que six dans la mine. Chômage, temps partiel, RTT, restructuration, "outplacement", préretraite, les occasions de ne pas travailler se multiplient. Nous travaillons déjà SIX FOIS MOINS que nos arrières grands-parents[1] : le travail remplissait 70 % d'une vie, aujourd'hui seulement 12 %. Et ce n'est pas fini. Au rythme où vont les choses, l'histoire risque de se répéter très vite : dans l'Antiquité, les hommes libres ne travaillaient pas, le travail n'avait aucune valeur morale. La vie du citoyen était tout entière consacrée aux loisirs. Le travail, nécessaire, dégradant, humiliant, était réservé aux esclaves. Jusqu'au XVIIIe siècle, personne n'aurait perdu sa vie à vouloir la gagner. Saint Thomas d'Aquin préconisait même... l'oisiveté. Le travail-valeur est né au siècle des Lumières où il devient le seul moyen d'apporter le bonheur sur terre, grâce à la science et aux techniques. Mais aujourd'hui, les lumières vont déjà s'éteindre. Halogènes ou pas. Et les générations futures s'étonneront peut-être d'apprendre que nous aussi, nous nous abaissions à travailler. Car le travail est en pleine mutation et semble se raréfier inexorablement. Jeremy Rifkin se risque même à annoncer pour bientôt *La Fin du travail*. En attendant, c'est plutôt le "travail sans fin" qu'on découvre, avec appels des collaborateurs sur le téléphone portable à tout moment, donc à tout endroit, jusqu'au domicile, pendant les transports et parfois même en vacances. Sans compter d'autres "fils à la patte" qui deviennent parfois autant de boulets à traîner, comme l'ordinateur portable qui permet de travailler partout, si performant quand il est relié par l'ADSL au réseau de l'entreprise, mais qui lui aussi fait voler en éclats les frontières physiques ou temporelles. L'entreprise n'a plus de frontières, le travail n'a plus de frontières : on travaille partout, on travaille tout le temps. Le temps de travail n'est plus

1. Depuis 1850, l'espérance de vie est passée de 45 à bientôt 85 ans. 16 heures par jour « debout » font 5 840 h/an. 45 ans d'une vie en 1850 font 262 800 h, dont 40 de travail à 4 500 h/an soit 180 000 h : sur 262 800, on travaillait 70%. En 2004, 5 840 h x 80 = 467 200, dont 38 à 1 500 h/an soit 57 000 h : sur 467 200, on travaille 12 %.

lié à la présence sur le lieu de travail. Le travail ne nous quitte plus. On vit en apnée, "en veille", incapable de débrancher. Résultat : un travail pesant, stressant, difficile à vivre, qui fait mal. Et de nouveaux besoins, comme l'exigence accrue de reconnaissance et d'épanouissement personnel. Car le travail ne permet plus de se "réaliser" comme avant. Beaucoup placent même leur espérance dans le "hors travail", les autres temps sociaux (famille, activités associatives, etc.). Qui donc de nos jours songerait encore à faire l'éloge du travail ? Cet éloge ne nous parle plus. Il est trop près du *Discours de la servitude volontaire* de La Boétie ou de la complicité dans l'aliénation générale de Marx.

Alors, faut-il rêver d'une société des loisirs aux charmes émollients, voire sublimer les 35 heures et braconner franchement du côté de l'oisiveté ? Passée l'exaltation des premiers temps, une vie sans travail conduirait vite à une vie sans trame, effilochée, qui n'a plus ses pleins et ses déliés. On réapprendrait les vertus trop vite oubliées du travail : il était parfois pénible, ses applications industrielles l'avaient déshumanisé (*cf. Le Travail en miettes* de Georges Friedmann) au point d'entraîner une véritable désaffection (*cf. L'Allergie au travail* de Jean Rousselet), mais il offrait une structure, des repères, du sens à la vie. Alors comment réinventer le travail ? Du fond de son jardin, Candide nous crie la sagesse des nations : "Le travail éloigne de nous trois grands maux : l'ennui, le vice et le besoin." Comme par hasard, les trois manquements d'être. Les grands utopistes ne s'y sont d'ailleurs pas trompés : s'ils rêvent tous à la prépondérance du "bon temps", des loisirs et des plaisirs, dans leur cité idéale, tous imposent aussi un minimum de travail[2] "utile et honnête".

2. 6,5 heures/jour pour Étienne Cabet (1788-1856) dans *Voyage en Icarie*, 6 pour Thomas More (1480-1535) dans *Utopie*, 4 pour Tommaso Campanella (1568-1639) dans sa *Cité du Soleil*, et 3 pour le gendre de Marx, Paul Lafargue (1842-1911), dans *Le droit à la paresse*. Même si ce dernier est plus un pamphlet qu'une utopie, il est piquant de noter que Lénine imaginait (article du 13 mars 1914, dans ses *Œuvres*) que le progrès technique permettrait bientôt de "réduire de quatre fois le temps de travail des ouvriers" ; soit à l'époque 12 divisé par 4 : 3 heures... comme Lafargue.

Mieux : ils ont aussi tous prévu de traquer l'oisiveté, "nourrice de tous les vices" (Anton Francesco Doni (1513-1574) préconisant même d'éliminer de la ruche tous les "frelons oisifs"). En clair, même les utopistes reconnaissent au travail des vertus indispensables à la paix sociale et au bonheur humain. Le travail donne de l'ordre et du sens. Sans un minimum de travail, nul bonheur possible. Quelles que soient les tentations et possibilités offertes par la technologie, il faudra donc instaurer un équilibre responsable entre Sisyphe et Amphion. Entre le mythe de Sisyphe condamné à pousser éternellement sur la pente d'une montagne un énorme rocher qui retombe toujours avant d'atteindre le sommet. Et le mythe d'Amphion, l'homme seul qui, au simple son de sa lyre, invitait les blocs de pierre à se déplacer par eux-mêmes et à s'unir pour former les murailles de Thèbes. Entre le travail éternel dans la peine et la douleur, et le loisir intégral. Entre les efforts pour racheter ses fautes, et l'irresponsabilité la plus totale. Entre mériter la jouissance du monde, et en disposer comme un vandale. On rêve d'un équilibre où le travail serait certes à nouveau une obligation, mais librement consentie et plus féconde et noble que jamais. Où bonheur rimerait même avec labeur.

Ce n'est qu'un rêve ? Mais le rêver, c'est déjà s'en approcher... Et nous sommes de plus en plus nombreux à faire le même rêve. Ici, comme à l'autre bout de la planète...

Que les vents vous soient favorables et vous emmènent jusqu'au bout de vos rêves.

Et surtout, vivez bien...

Dominique Glocheux

Le flashage de cet ouvrage
*a été réalisé par l'***Imprimerie Bussière.**
L'impression et le brochage ont été effectués
sur presse Cameron dans les ateliers
de Bussière Camedan Imprimeries
à Saint-Amand-Montrond (Cher),
pour le compte des Éditions Albin Michel.

Achevé d'imprimer en mars 2004.
N° d'édition : 13054 - N° d'impression : 040550/4.
Dépôt légal : premier semestre 2004.
Imprimé en France